GÉOMÉTRIE DES ARTS.

Paris. — Imprimerie Gerdès, rue Bonaparte, 42.

GÉOMÉTRIE DES ARTS,

SUIVIE

DE NOTIONS ÉLÉMENTAIRES DE PERSPECTIVE

ET DE 63 FIGURES,

PAR A. PÉQUÉGNOT.

PARIS,
CHEZ DANLOS, ÉDITEUR,
QUAI MALAQUAIS, 7.

1853

NOTIONS GÉNÉRALES.

Le dessin linéaire a pour objet la reproduction, au moyen de la règle et du compas, des formes régulières et irrégulières que la nature nous présente.

Le dessin linéaire se constitue d'éléments de géométrie et de perspective.

La géométrie a pour objet la mesure des surfaces et des solides en même temps que la construction ou le graphique de leurs formes.

La perspective nous donne l'aspect différent que prend une même forme dans l'espace.

GÉOMÉTRIE DES ARTS.

DÉFINITIONS DES FORMES.

On appelle corps ou solides tout ce qui réunit les trois dimensions, longueur, largeur et épaisseur.

La forme des corps est déterminée par des surfaces.

Les surfaces n'ont pas d'épaisseur, elles n'ont que les dimensions de longueur et largeur.

La surface est terminée par des lignes.

Le point termine la ligne, il n'a aucune dimension.

DES LIGNES.

Les lignes ne sont que les extrémités des surfaces; elles n'ont qu'une dimension, la longueur.

La ligne droite est le plus court chemin d'un point à un autre.

Une droite est perpendiculaire lorsqu'elle forme un angle droit avec la ligne ou le plan qu'elle rencontre.

On nomme parallèles, deux droites que l'on peut prolonger indéfiniment sans qu'elles puissent se rencontrer.

Une tangente est une droite qui touche par un seul point une figure quelconque.

Une sécante est une ligne qui coupe une autre ligne ou une figure quelconque.

Nous donnons plus loin la définition des lignes courbes avec leur construction.

DES ANGLES.

Un angle est l'écartement plus ou moins grand que forment deux droites lorsqu'elles se rencontrent.

Il n'y a que trois sortes d'angles : l'angle droit, qui est formé par deux droites qui, en se rencontrant, font deux angles adjacents parfaitement égaux ; c'est-à-dire qui coïncident parfaitement si on rabat l'un sur l'autre ; l'angle obtus qui est plus grand que le droit, et l'angle aigu qui est plus petit.

DES SURFACES.

On appelle surface plane ou plan, une surface qui coïncide parfaitement dans toutes ses dimensions avec une droite.

Nous n'avons pas à nous occuper des surfaces courbes.

On appelle polygone une surface à plusieurs côtés.

DES POLYGONES.

Le triangle est le plus simple des polygones. On distingue quatre sortes de triangles : le triangle rectangle, qui a un angle droit ; le triangle équilatéral, qui a ses trois côtés égaux ; le triangle isocèle, qui a deux côtés égaux, et le triangle scalène, qui a ses trois côtés inégaux.

Dans un triangle rectangle, le côté opposé à l'angle droit se nomme hypothénuse.

Le carré a ses côtés égaux et ses angles droits. Dans le carré, la droite qui joint les deux angles opposés se nomme la diagonale.

Le rectangle a ses angles droits et ses côtés opposés égaux.

Le losange a ses côtés égaux et les angles non droits.

Le parallélogramme a ses côtés opposés parallèles et les angles non droits.

Le trapèze n'a que deux côtés parallèles.

Le pentagone a cinq côtés, égaux ou inégaux; l'hexagone a six côtés; l'heptagone sept, etc. On appelle ces figures polygones réguliers lorsque leurs côtés sont égaux.

Le cercle est une figure terminée de tous côtés par une ligne nommée circonférence, et dont tous les points sont également distants d'un point intérieur nommé centre.

La droite qui va du centre à la circonférence se nomme le rayon.

La droite qui passe par le centre et se termine à chaque extrémité à la circonférence, se nomme diamètre.

Une fraction quelconque de la circonférence se nomme arc de cercle.

La droite qui joint les extrémités de l'arc se nomme corde.

DES SOLIDES.

On nomme solides ou polyèdres les corps terminés de tout côté par des plans.

Les polyèdres irréguliers sont à l'infini, de même que

les surfaces irrégulières ; mais les polyèdres réguliers sont peu nombreux.

Le prisme est un solide composé de deux bases parallèles et égales ; ces bases sont des polygones quelconques, et ses faces latérales sont des parallélogrammes.

Le parallèlipipède est un prisme dont toutes les faces sont des parallélogrammes ; on voit qu'un prisme peut être triangulaire, pentagonal, etc.

La pyramide est un solide qui a pour base un polygone quelconque, dont les côtés forment les bases d'autant de triangles qui se réunissent en un point au sommet, et constituent la surface latérale de la pyramide. La pyramide est triangulaire, octogonale, exagonale, etc.

Le cube est un solide qui a pour base un carré, et dont les autres faces sont égales à la base.

On distingue trois corps ronds ; le cylindre, le cône et la sphère.

Le cylindre est un solide engendré par la révolution d'un parallélogramme rectangle sur l'un de ses côtés comme axe ; il a conséquemment deux cercles pour bases.

Le cône est un solide engendré par la révolution d'un triangle rectangle sur un des côtés opposés à l'hypothénuse, comme axe.

La sphère est un corps engendré par la révolution d'un demi-cercle autour de son diamètre.

PROBLÈMES RÉSOLUS SUR LES ANGLES.

Je donne ici seulement, la construction graphique des problèmes, sans leur démonstration ; attendu que cette démonstration s'obtient, tantôt par l'algèbre, tantôt par la géométrie. Il en sera de même des problèmes de perspective, lesquels sont basés sur la géométrie descriptive.

Fig. 8. Diviser une droite en deux parties égales

Élever un perpendiculaire sur une droite à un point quelconque.

Faire un angle droit.

Ces trois problèmes ont la même solution ; soit AB, la droite donnée avec une ouverture de compas, ou un rayon plus grand que la moitié de AB, et les points A et B comme centre, je décris deux arcs de cercle, qui se couperont en C et en D ; je joins ces deux points par une droite CD. Cette ligne satisfait aux trois questions.

Fig. 9. Elever une perpendiculaire à l'extrémité d'une droite.

Soit AB, la droite donnée.

Je prends un point O à volonté hors de cette droite, avec OB, comme rayon, je décris un arc de cercle, qui coupera AB, au point C ; je joins ce point C au point O, je prolonge cette droite, j'obtiens le point D sur l'arc de cercle, je joins ce point D au point B ; DB est la droite demandée. En prenant le point O en dehors de la ligne AB, on est obligé afin de pouvoir construire de prolonger AB indéfiniment, le reste de la construction est la même que dans la première.

Fig. 13. Construire un angle égal à un angle donné.
Soit l'angle BAC.

Sur une droite indéfinie, je prends le point O ; avec le point O comme centre et un rayon quelconque. Je décris un arc de cercle qui coupera la droite en M. Je décris le même arc de cercle sur l'angle BAC , avec le point A pour centre , j'obtiens sur cet angle le petit arc BC , dont je porte la grandeur en M sur le grand arc , et le point N est déterminé , MN égal BC. Je joins le point N au point O, l'angle NOM est égale à l'angle BAC.

En prolongeant les droites AC, AB , on obtient un nouvel angle DAF parfaitement égal à l'angle BAC (tous les angles opposés au sommet sont égaux).

Fig. 10. Diviser un angle en deux parties égales.

Soit l'angle BOC.

Avec un rayon quelconque et le point O comme centre, je décris un arc de cercle BC ; je joins le point B au point C avec BC pour rayon , et les points B et C comme centre ; je décris deux arcs de cercle qui se couperont en H , je joins le point H au point O , la ligne HO divise l'angle BOC en deux partie égales.

Fig. 12. Par un point donné hors d'une droite, mener une parallèle à cette droite.

Soit la droite AB, et le point R le point donné.

Du point R comme centre, avec un rayon plus grand que la distance de ce point à la droite AB, je décris un arc de cercle qui coupe la droite AB en A, avec ce nouveau point A comme centre et le même rayon. Je décris un autre arc de cercle RB , je fais CA égale à RB, je joins le point C, ainsi déterminé au point R, et j'ai la droite CR, parallèle à AB.

Dans la pratique du dessin, on fait avec rapidité des parallèles au moyen de l'équerre. Lorsque deux parallèles sont coupées par une sécante, les angles semblables sur les deux lignes sont égaux (*Fig.* 11) ; ainsi, soit les droites PQ, MN ; l'angle A égale l'angle D, égale l'angle E, égale l'angle H, et ainsi des autres. En faisant glisser cet angle H, le long de la droite RS, on mènera MN, parallèle à PQ, autant de fois que l'on voudra. C'est l'opération que l'on fait dans le dessin en remplaçant la droite RS, par une règle et l'angle H par l'équerre.

Fig. 14. Diviser une droite en plusieurs parties égales.

Soit la droite AB, à diviser en trois parties égales.

Au point A avec une droite indéfinie AZ, je fais un angle quelconque. Sur cette droite je porte successivement trois ouvertures de compas égales, AC, CD, DE, je joins le point E au point B, et par les points C et D je mène des parallèles à BE, lesquelles divisent la droite AB en trois parties égales.

Fig. 15. Diviser une droite donnée en parties proportionnelles à une autre droite donnée.

Soit MN la droite donnée, divisée en parties quelconques et la droite AB à diviser.

La construction est la même que dans le problème précédent, en mettant MN, à la place de AZ. On peut, néanmoins, opérer la construction suivante : Je fais AB parallèle à MN ; je joins les points A et B aux points M et N ; je prolonge ces droites jusqu'à leur rencontre au point O ; je joins ce point avec les points de division de la droite MN ; je prolonge ces droites jusqu'en AB. AB est ainsi divisé en parties proportionnelles à MN.

Fig. 17. Construire un triangle semblable à un triangle donné.

Soit le triangle ABC.

Par le point E, je mène une droite indéfinie ; au point R je mène une parallèle à CA, par le même point je mène une parallèle à CB, je fais RS égale à CB, et par le point S je mène une parallèle à **BA** ; laquelle droite me détermine l'angle O, et j'ai le triangle SOR, parfaitement égal au triangle **BAC**.

Fig. 16. Un côté et deux angles d'un triangle étant donnés, construire ce triangle.

Soit le côté **AB**, donné, et les deux angles **CAD, DBF**, je prolonge indéfiniment la droite **AB**. Je fais **MN** égale à **AB**. Par le point **M** je mène une parallèle à **AC** ; par le point **N** je mène une parallèle à **BE**. La rencontre de ces deux droites me donnera le sommet du triangle demandé.

Si l'angle **DBE** est le complément de l'angle **CAD**, c'est-à-dire si il est égal à l'angle **HAC**, le problème est impossible.

Fig. 18. On donne les trois côtés d'un triangle, on demande de construire ce triangle.

Soit les trois côtés **AB, BC** et **AC** sur une droite indéfinie.

Je fais **MN** égale à **AB**, avec **M** comme centre et **AC** comme rayon ; je décris un arc de cercle, avec **N** comme centre et **BC** comme rayon, je décris un second arc de cercle qui coupe le premier en **R** : le triangle **MRN** est le triangle demandé. Si la somme de **AC** plus **CB** n'est pas plus grande que **AB**, le problème est impossible.

PROBLÈMES RÉSOLUS SUR LES LIGNES COURBES.

Les lignes courbes les plus importantes dans la science sont engendrées par le cône.

Les sections opérées dans un cône donnent invariablement trois lignes courbes, qui sont l'ellipse, l'hyperbole et la parabole.

L'ellipse est engendrée par un plan sécant, oblique à l'axe du cône ; elle est également engendrée par une section du cylindre.

L'hyperbole est obtenue par un plan sécant parallèle à l'axe.

La parabole est obtenue par un plan sécant parallèle à la génératrice du cône.

La génératrice n'est autre chose que le côté du triangle qui a engendré la surface du cône.

Le cercle n'est qu'une variété de l'ellipse, c'est-à-dire qu'il est engendré par un plan sécant perpendiculaire à l'axe du cône.

Les comètes décrivent dans leur course des ellipses très-allongées. La forme elliptique est souvent employée en architecture dans la structure des voûtes; on l'appelle vulgairement anse de panier. La parabole et l'hyperbole sont des courbes qui ne reviennent jamais sur elles-mêmes.

La cycloïde est une autre ligne courbe d'une forme heureuse, et dont les propriétés sont remarquables ; en architecture elle constitue une voûte très-solide. On pense que Michel-Ange s'en est servi dans la construction du dôme de Saint-Pierre de Rome. Les Grecs la connaissaient. Cette ligne est engendrée par un point d'une circonférence opérant une révolution sur un plan. Un clou d'une roue mise en mouvement en donne un exemple très-simple.

L'ovale est une courbe semblable en apparence à l'ellipse et de construction irrégulière, composée d'arcs de cercle se raccordant entre eux. On peut en faire usage dans l'ornement.

La parabole, l'hyperbole et la cycloïde appartiennent aux régions élevées de la science. Nous donnerons seulement la construction de l'ellipse, ainsi que les problèmes relatifs au cercle.

Fig. 19. Trois points étant donnés, non en ligne droite, on veut par ces trois points faire passer une circonférence.

Soit les points ABC.

Je joints ces points par les droites AB, BC ; sur le milieu de chacune de ces droites, j'élève une perpendiculaire ; elles se couperont au point O. Avec OC comme rayon, je décrirai une circonférence qui passera par les points A, B, C.

Fig. 19. Trouver le centre d'un cercle.

Je prends trois points à volonté sur sa circonférence, je les joints par deux droites ; sur le milieu de chacune d'elles, j'élève une perpendiculaire ; leur rencontre au point O me donnera le centre du cercle : la construction est la même que dans le problème précédent.

Fig. 20. Par un point donné sur une circonférence, mener une tangente à cette circonférence.

Soit la circonférence RC.

Je mènerai le rayon OR, au point R j'élèverai la perpendiculaire RM, qui sera la tangente demandée.

Fig. 21. Un point étant donné hors d'un cercle, mener une tangente à sa circonférence.

Soit la circonférence AB, et R le point donné.

Je joins le point O au point R par une droite, avec le milieu de cette droite comme centre, et sa moitié CO comme rayon ; je décris un arc de cercle qui coupera la circonférence aux points A et B, les droites AR, BR, satisferont à la question.

Fig. 20. Mener une tangente à un cercle parallèlement à une droite donnée.

Soit la circonférence CR, et la droite AB.

Du point O j'abaisse une perpendiculaire sur AB, elle coupera la circonférence en R par ce point R, je mène MN, parallèle à AB, la droite MN sera tangente à la circonférence.

Fig. 23. Inscrire un cercle tangent à trois droites, une d'elles est sécante aux deux autres qui sont parallèles.

Soit les droites AB, CD, coupées par AC.

Je divise l'angle A, et l'angle C en deux parties égales, la rencontre de ces deux droites me donnera le point O ; la droite OR, perpendiculaire sur AC, sera le rayon du cercle demandé.

Fig. 22. Inscrire un cercle dans un triangle.

Soit le triangle BAC.

Je divise deux de ses angles à volonté, l'angle A et l'angle C en deux parties égales, par deux droites, la rencontre de ses droites me donne le point O ; de ce point j'abaisse une perpendiculaire OR sur un des côtés ; cette perpendiculaire sera le rayon du cercle demandé.

Fig. 24. Un cercle étant donné, un point sur sa circonférence, et un point dans sa circonférence ; on demande un cercle qui lui soit tangent au point donné sur la circonférence, et qui passe par le point interne.

Soit la circonférence SA, soit B et A les points donnés.

Je joins le point A au point B, et le point A au point O ; sur le milieu de BA j'élève une perpendiculaire qui coupera OA en D, DA sera le rayon du cercle demandé.

Fig. 25. Un cercle étant donné ou demande de lui circonscrire un carré.

Soit la circonférence S.

Je mène deux diamètres AB, CD qui se coupent à angles droits. Par leurs extrémités A, B, C, D, je mène des tangentes à la circonférence, l'intersection de ces tangentes constituera le carré demandé.

Fig. 25. Un cercle étant donné, on demande d'y inscrire un carré.

Soit la circonférence S.

Je joins l'extrémité des deux diamètres A, B, C, D par des droites, et le carré ACBD inscrit.

Fig. 25. Un carré étant donné, on demande de lui circonscrire un cercle.

Soit le carré ACBD.

Je mènerai les diagonales AC, BD, la moitié d'une d'elles OC, sera le rayon du cercle demandé.

Fig. 26. Inscrire un hexagone dans un cercle donné.

Soit la circonférence C.

Le rayon du cercle donné sera le côté de l'hexagone demandé, attendu que toute circonférence contient exactement six fois son rayon.

Eig. 26. Inscrire un triangle équilatéral dans un cercle donné.

Soit la circonférence C.

J'y inscrit un hexagone ; je joins deux à deux les côtés de cet hexagone par des droites, et j'ai le triangle demandé.

Isncrire un pentagone dans un cercle donné.

Soit le cercle A B.

A l'extrémité du rayon OB, j'élève la droite BC perpendiculaire ; je fais BC, égale à OB ; je joins le point C au point O ; je prends CH, comme rayon, avec C comme centre ; je décris l'arc HD ; je joins le point D au point O. La droite OD est le côté du pentagone demandé.

Dans tous ces polygones on obtiendra un polygone d'un nombre de côtés double, en divisant un des côtés en deux parties égales par une perpendiculaire qui donnera sur la circonférence deux autres côtés égaux plus petit, ainsi (*Fig.* 26) AD qui est le côté d'un polygone régulier de trois côtés, divisé en deux par une perpendiculaire, donne les côtés AB et BD de l'hexagone ; on aurait ainsi le polygone de douze côtés, de vingt-quatre côtés, etc.

Fig. 33. Nous remarquerons ici une propriété curieuse du cercle.

Tous les angles inscrits dans une demi circonférence, en conservant le diamètre comme hypothénuse, sont droits, ainsi, les angles ACB, ADB, AB sont droits.

Fig. 28. Les deux axes d'une ellipse étant donnés, construire cette ellipse.

Soit les deux axes AB, CD.

Les deux axes d'une ellipse sont toujours inégaux, car autrement, ils deviendraient simplement deux diamètres d'un cercle. L'ellipse a deux foyers que nous allons rechercher.

Soit les deux axes AB, CD, se coupant à angles droits.

Je prends AO, moitié du grand axe comme rayon, et avec les extrémités C et D du petit axe comme centre, je décris des arcs de cercle qui coupent AB en FG ; ces points FG, seront les foyers de l'ellipse.

Pour décrire cette ellipse, je prends maintenant un rayon un peu moins grand que BF, soit BM, avec G, l'un des foyers comme centre, et BM comme rayon je décris un arc de cercle ; avec l'autre portion du grand axe AM comme rayon, et F comme centre je décris un arc de cercle qui coupe le premier en I. L'ellipse passera par ce point I.

Je prends ensuite BN comme rayon, et G comme centre, je décris un arc de cercle, je fais un second arc de cercle avec AN, complément de BN ; et F comme centre, ces arcs se coupent au point H. L'ellipse passera encore par ce nouveau point. On voit qu'on obtiendrait ainsi autant de points rapprochés qu'il faudrait pour dessiner l'ellipse. Cette construction se nomme vulgairement l'ovale du jardinier ; on peut, en effet, la tracer à terre, à l'aide de deux piquets qui seront les foyers F et G, et une corde double qui ira de A en B ; en tendant cette corde qui sera retenue par les deux piquets, on formera successivement tous les triangles compris entre A et G, et dont les sommets I, H, etc., traceront le contour de l'ellipse. On doit remarquer que la somme des deux côtés de ces triangles est toujours égale au grand axe.

Un axe étant donné, construire un ovale.

Fig. 29. Si l'on donnait les deux axes, on aurait alors une ellipse à construire ; dans le graphique de l'ovale, on ne peut se donner qu'un axe, soit MN ; je divise cette droite en trois parties égales, avec chacun de ces points de division comme centre et cette division comme rayon, je décris deux circonférences qui passent respectivement par leur centre, se coupent aux points B et C ; par le point B, je mène un diamètre BD et un diamètre BE ; avec ce diamètre comme rayon et B comme centre, je décris un arc de cercle FD, qui se raccordera avec les circonférences aux points E et D ; C sera le centre de l'autre arc de cercle, etc.

Seconde construction.

Fig. 30. La droite AB étant donnée comme axe, on la divisera en deux parties égales par la droite PM sur chaque moitié AH, HB, comme diamètre, on décrira les deux cercles A et B qui seront tangents au point H ; au centre de chacun de ces cercles on élèvera un rayon OC perpendiculaire au diamètre ; on divisera l'angle COB en deux parties égales, la droite MN, qui coupera PM au point M. sera avec M comme centre, le rayon du cercle NP qui terminera la courbe et se raccordera avec les circonférences aux quatre points N que l'on obtiendra par une construction semblable.

Troisième construction.

Fig. 31. Je prends AR comme petit axe, avec OR sa moitié comme rayon, je décris un cercle ABR, j'élève un rayon OB perpendiculaire au diamètre AR ; avec A comme centre et AR comme rayon, je décris l'arc de cercle RC ; je décris également l'arc de cercle AD, avec le même rayon, en prenant seulement R comme centre ; ces deux rayons se couperont au point B, avec ce point B comme centre et BC comme rayon, je décrirai le petit arc de cercle DC qui terminera ma courbe.

Quatrième construction.

Fig. 32. On peut construire un ovale en se donnant le grand axe et la moitié du petit.

Soit le grand axe AB et la flèche HD.

Je prends sur le grand axe, la quantité NB, moindre que le quart de AB, je porte cette quantité en HM, je joints le point M au point N ; au milieu de cette droite, j'élève une perpendiculaire qui ira rencontrer HD prolongée en O ; avec le point O comme centre, et OH comme rayon, je décris l'arc de cercle HC, et je termine la courbe avec le petit rayon NB.

DUPLICATION DES SURFACES.

Fig. 34. Un carré étant donné, on demande une figure semblable d'une superficie double.

Soit le carré ABCD.

On mènera la diagonale AC ; cette diagonale sera le côté du carré demandé.

La démonstration de ce problême est sensible, car on voit que le nouveau carré HACM contient quatre triangles qui ne sont contenus que deux fois dans le carré donné.

Fig. 36. Construire un rectangle double d'un rectangle donné en conservant les côtés proportionnels.

Soit le rectangle ABCD ; je prolonge sa base DC et son côté AD indéfiniment ; je fais AM égale à AB, je joins le point M au point B, je prolonge MB jusqu'à sa rencontre avec la droite DC au point H ; la droite BH sera le grand côté, et la droite BM le petit côté du rectangle demandé.

Fig. 37. Construire un triangle quelconque double d'un triangle donné, et dont les côtés soient proportionnels.

Soit le triangle ABC. Au point C j'élève une droite. CD perpendiculaire et égale à AC; je joins le point D au point A. La droite AD, hypoténuse de ce triangle, représentera le côté AC dans le triangle demandé. Je ferai la même construction sur chacun des deux autres côtés pour obtenir les côtés demandés.

Fig. 35. Si le triangle donné est rectangle, avec les deux côtés comprenant l'angle droit, égaux, on construira ainsi : soit le triangle ACB à l'extrémité A de l'hypoténuse, on élèvera la droite AD perpendiculaire et égale à AB, on joindra le point D au point B, le triangle DAB sera le triangle demandé.

Fig. 38. Construire un trapèze double d'un trapèze donné.

Soit le trapèze ABCD.

Je prolonge AB, je fais DE parrallèle à AC au point D; j'ai alors un rectangle ACDE que nous savons doubler. Dans le nouveau rectangle double DHMN, je fais au point D un angle HDO égal à l'angle BDC, et j'ai le trapèze DONH double du trapèze donné.

Fig. 39. Construire un losange double d'un losange donné.

Soit le losange ABCD.

A l'extrémité d'un de ses côtés AC, j'élève une perpendiculaire CH égale à AC; AH, hypoténuse de ce triangle, sera le côté du losange demandé.

Fig. 40. Construire un polygone double d'un polygone quelconque donné.

Soit le polygone ABC.

Sur l'extrémité d'un de ses côtés AB, j'élève BD perpendiculaire et égale à AB. L'hypoténuse AD est, dans le polygone demandé, le côté correspondant à AB. On doit opérer de même pour les autres côtés. On voit que la construction est la même que dans les figures précédentes.

Fig. 41. Faire un cercle double d'un cercle donné.

Soit le cercle A.

Je mène un rayon quelconque OA, à son extrémité j'élève une perpendiculaire AR égale à OA. La droite OR, hypoténuse de ce triangle, sera le rayon du cercle demandé.

L'hexagone et le triangle équilatéral s'inscrivant parfaitement dans un cercle, leur duplication peut s'opérer par la duplication de ce cercle.

AUGMENTATION DES SURFACES.

Fig. 42. Un polygone quelconque étant donné, on demande un polygone semblable plus grand, dont on donne un des côtés futurs.

Soit le polygone ABCDE et le côté OS le côté donné.

Le côté BA deviendra donc OS dans la nouvelle figure ; à l'aide de ces deux lignes, je vais chercher le côté qui répondra au côté AE.

Je fais un angle quelconque, sur un côté de cet angle je porte le côté BA et le côté OS que j'appelle OR, OS ; sur l'autre côté de l'angle je porte AE, que j'appelle OH. Je joins son extrémité H au point R, et, par le point S, je mène une parallèle à RH ; j'ai alors OX, qui sera le côté semblable à AE dans le nouveau polygone. Maintenant, me servant de OH, OX, sur un nouvel angle arbitraire, comme je me suis servi de OR et OS, je chercherai le côté ED, je le porte sur cet angle, je le nomme OK ; je joins le point K au point H, et, par le point X, je mène une parallèle à KH et j'ai OP, qui sera le côté semblable à ED. Me servant de OH, OP, comme je me suis servi de OK, OX, je chercherai le côté CD sur un autre angle quelconque, je porterai CD sur le côté de cet angle, je l'appellerai OL, je joindrai le point K au point L par le point P ; je mènerai une parallèle à KL et j'aurai OV, qui sera le côté semblable à CD.

Le côté BC étant égal à AE, j'ai ce côté dans OX. Maintenant, avec ces lignes, on construira aisément le nouveau polygone en faisant des angles semblables aux angles du polygone donné.

Dans un rectangle la construction suivante suffirait.

Fig. 43. Un rectangle étant donné, on demande un rectangle semblable augmenté d'une quantité quelconque.

Soit le rectangle ABCD.

On veut un nouveau rectangle dont les côtés soient dans le même rapport que ceux du rectangle donné.

CM répondra au grand côté CD.

Je prolonge CD indéfiniment, je porte CM sur cette droite, je mène indéfiniment la diagonale CB. Au point M, j'élève une perpendiculaire qui coupera CB en N. MN sera le côté semblable à BD.

Cette construction serait fort utile dans le cas où l'on aurait à copier un tableau dans une dimension plus grande ; il faudrait nécessairement conserver les côtés de la copie proportionnels aux côtés de l'original.

La méthode que je donne dans le problème précédent est applicable à toutes espèces de figures; c'est en géométrie le problème qui consiste à chercher une quatrième proportionnelle à trois droites.

RÉDUCTION DES SURFACES.

Fig. 45. Un polygone étant donné, on demande un polygone semblable plus petit, dont on donne un des côtés futurs.

Soit le polygone **ABCD** et le côté **MN** qui répondra au grand côté **AB**.

Sur une droite indéfinie, avec **AB** comme rayon, je décris un arc de cercle **HR**. Je prends **MN** comme rayon; du point **R** comme centre, je décris un arc de cercle qui coupera le grand arc de cercle au point **H**; je joins ces deux points par une droite. Maintenant je porte successivement les autres côtés du polygone sur un des grands côtés de ce triangle, en plaçant les extrémités en **O**. **CB** me donnera **OK**, **CD** me donnera **OL** et **DA** me donnera **OP**. Les parallèles menées à la droite **HR** par ces points seront les petits côtés correspondant aux grands dans la figure demandée; ainsi **KS** sera le petit côté de **OK** ou **CB**, comme **HR**, qui n'est autre que **MN**, sera le petit côté de **OH** ou **AB**.

Sur le prolongement de **AB** on construira le petit polygone, en menant les lignes trouvées parallèles aux côtés semblables du polygone donné.

Si la figure donnée était un rectangle, on construirait sur sa diagonale.

Fig. 44. Un rectangle étant donné, on demande une figure semblable plus petite.

Soit le rectangle ABCD.

On veut un rectangle semblable dont le grand côté soit DH. Je porte DH sur le côté DC, au point H j'élève une perpendiculaire HO qui rencontrera la diagonale DB au point O. HO sera le petit côté du rectangle demandé.

MESURE DES SURFACES (1).

Mesurer la superficie d'une figure, c'est chercher combien de fois une unité quelconque, élevée au carré, est contenue de fois dans cette surface, quelle que soit du reste l'unité, pied, mètre, are, etc.

Une ligne quelconque, élevée au carré, est une surface carrée, dont chacun des quatre côtés est égal à la ligne donnée ; ainsi, un mètre carré est une figure qui a un mètre sur ses quatre faces.

Les superficies s'évaluent toujours en mesures carrées.

Fig. 46. Un carré étant donné, on demande la mesure de sa surface.

Soit le carré ABCD.

Je prends un de ses côtés CD que je multiplie par un de ses autres côtés, ou par lui-même, ce qui me donne CD × AC. Si CD contient 4 mètres ou 4 arpents, j'aurai 4 × 4, ce qui me donnera 16. On voit en effet que le carré ABCD contient, dans sa surface, 16 petits carrés faits sur l'unité qui divise ses côtés.

(1) Tous les problèmes suivants, sur la mesure des surfaces, sont applicables à l'arpentage.

Il est important d'observer que la hauteur d'une figure quelconque est la perpendiculaire que l'on abaisse du sommet de cette figure sur sa base. La base se choisit arbitrairement; ainsi dans le trapèze ABCD, en prenant la base CD, la hauteur sera BH, perpendiculaire sur CD; dans le triangle CHD (*fig.* 48), en prenant pour base CD, sa hauteur sera la perpendiculaire HO abaissée sur sa base prolongée.

Un rectangle étant donné, on demande la mesure de sa surface.

Fig. 47. Soit le rectangle ABCD.

Je prends sa base CD que je multiplie par sa hauteur AC. Si sa base contient 6 et sa hauteur 3, j'aurai 6 × 3, ou 18. En menant des parallèles aux deux côtés par les points de division, on obtiendra les 18 carrés inclus dans la surface.

Un triangle rectangle étant donné, on demande la mesure de sa surface.

Fig. 49. Soit le triangle rectangle ABC.

Je mène AD parallèle à BC ; par le point C je mène une parallèle à AB : j'ai alors un rectangle ABCD, dont la mesure s'obtient en multipliant la base par la hauteur, or le triangle ABC est la moitié de ce rectangle, car les deux triangles ABC, ACD sont égaux. On aura donc la mesure de sa surface en multipliant sa base par sa hauteur divisée par 2, ou $AB \times \dfrac{BC}{2}$: si la base est 6 et sa hauteur 3, on aura $3 \times \frac{6}{2}$ ou 3×3, ce qui donne 9. La mesure de toute espèce de triangle est toujours le produit de la base par la hauteur divisée par 2.

Fig. 48. Soit le triangle scalène CHD, dont on veut avoir la surface.

Je multiplie sa base **CD** par sa hauteur $\dfrac{BD}{2}$.

Les parallélogrammes qui ont même base et même hauteur sont équivalents en superficie. Le parallélogramme **ABCD** est équivalent au parallélogramme **CFHD**, attendu que les triangles **AFC**, **BDH** sont égaux.

Le triangle **CBD**, qui est la moitié du parallélogramme **CFHD**, **ABCD**, sera donc équivalent au triangle **CHD**, qui est la moitié du parallélogramme.

Le triangle **CBD** a pour mesure sa base multipliée par sa hauteur divisée par 2, le triangle **CHD**, qui lui est équivalent, aura donc la même mesure $CD \times \dfrac{BD}{2}$.

Fig. 48. Un parallélogramme quelconque étant donné, on demande la mesure de sa superficie.

Nous venons de démontrer qu'un parallélogramme est équivalent à un rectangle qui a même base et même hauteur, il aura donc la même mesure que lui, c'est-à-dire la base multipliée par sa hauteur. La mesure du parallélogramme **FCDH** sera donc $CD \times BD$.

Fig. 50. Un trapèze étant donné, on demande la mesure de sa surface.

Soit le trapèze **ABCD**.

Je prends son plus grand côté **CD**, que j'ajoute au côté opposé **AB**; je multiplie la somme de ces deux côtés par la hauteur **AC** divisée par 2; en effet, tout trapèze peut être considéré comme étant composé de deux triangles. Le trapèze **ABCD** est composé des deux

triangles ACB, CBD; le produit de l'un est $AB \times \dfrac{AC}{2}$,
et le produit de l'autre est $CD \times \dfrac{AC}{2}$; donc le produit
du trapèze, qui n'est autre que les deux triangles sera
$AB + CD \times \dfrac{AC}{2}$.

Fig. 52. Un polygone quelconque étant donné, on demande la mesure de sa surface.

Soit le polygone irrégulier ABCDEF.

Je joins les points B, C, D, E au point A; je divise ainsi le polygone en quatre triangles que je mesurerai successivement, et la somme de leurs surfaces me donnera la surface du polygone demandé.

On voit que toute espèce de polygone rectiligne peut être divisé en un nombre quelconque de triangles, et qu'on obtiendra ainsi facilement la mesure de la surface des figures les plus irrégulières.

Fig. 53. Un cercle étant donné, on demande la mesure de sa surface.

Soit le cercle S.

La superficie du cercle est égale au développement de sa circonférence, multipliée par son rayon divisé par 2; ainsi la mesure du cercle S sera $SS \times \dfrac{OR}{2}$.

En effet, on peut considérer le cercle comme un polygone d'un nombre infini de côtés; il sera conséquemment composé d'un nombre infini de triangles semblables à AOR.

La mesure de ce triangle sera donc sa base AR, multipliée par sa hauteur OR, divisée par 2; la mesure de la totalité du cercle sera donc la circonférence, base d'une infinité de triangles compris dans le cercle, multipliée par le rayon, hauteur de ces triangles.

Un triangle étant donné, on demande un rectangle d'une superficie équivalente.

Soit le triangle AB.

Par le point A je mène une parallèle DA à sa base BC. Sur sa base BC, je construis le triangle rectangle DBC, il est équivalent au triangle BAC; nous avons vu que les triangles qui ont même base et même hauteur sont équivalents. Je divise la base BC en deux parties égales; par le point F je mène une parallèle à DB; le rectangle DEFB est équivalent au triangle DBC, attendu que le petit triangle FOC est parfaitement égal au petit triangle DOE. DEFB est donc équivalent à DBC ou au triangle ABC.

Un triangle quelconque sera donc équivalent en superficie à un parallélogramme qui aura même hauteur que lui, et seulement la moitié de sa base.

Fig. 50. Un trapèze étant donné, on demande un rectangle ou un parallélogramme d'une superficie équivalente.

Soit le trapèze ABCD.

Je divise son côté BD en deux parties égales. Par le point O, je mène une parallèle au côté AC, je prolonge AB en M, et j'ai un rectangle MBACN, équivalent au trapèze donné.

En menant une parallèle à BD par la moitié du côté AC, on aurait un parallélogramme équivalent au trapèze; car on aurait, comme dans le premier cas, deux petits triangles égaux, comme le sont les triangles BOM, NOD.

Fig. 56. Un rectangle étant donné, on demande un carré d'une superficie équivalente.

Soit le rectangle ABCD.

Je prolonge AB en E, je fais AE égal à AC, je fais CF égal à AE, je mène EF parallèle à AC. Le rectangle donné est maintenant dans un carré AEFC. Je prolonge son côté DB indéfiniment; avec la moitié de AE comme rayon et O comme centre, je décris un arc de cercle qui coupera DB en G. Je joins le point G au point A. GA sera le côté du carré demandé. Ce problème repose sur une propriété très-remarquable du triangle rectangle, c'est que, si l'on construit un carré sur l'hypoténuse d'un triangle rectangle, la superficie de ce carré sera équivalente à la somme des deux carrés faits sur les deux autres côtés; ainsi, dans cette figure, CAEF est équivalent au carré AGKH, plus l'autre carré fait sur GE. Notre problème est une des conséquences de cette propriété.

Fig. 56. Un triangle étant donné, on demande un carré d'une superficie équivalente.

Soit le triangle ACD.

Si le triangle était scalène, nous savons qu'on pourrait en construire un qui serait rectangle et équivalent. Avec ce triangle, je fais le rectangle ABCD, et j'opère la même construction que dans le problème précédent. Sur la moitié de la diagonale KG, je construis un petit carré KMAN, qui sera la moitié du carré AGKH. Ce carré AGKH est équivalent au rectangle ABCD. La moitié de ce carré sera donc équivalente à la moitié du rectangle ABCD. Hors la moitié du rectangle ABCD est le triangle ACD, donc le petit carré KMAN est équivalent au triangle ACD.

Fig. 55. Un carré étant donné, on demande un parallélogramme d'une surface équivalente.

Soit le carré ABCD.

Je prolonge indéfiniment ses côtés AB, CD, je mène la diagonale AD, je mène les deux droites AE, BE, j'ai un triangle AEB, qui est équivalent au triangle ADB, puisqu'il a même base et même hauteur; je fais EE égale à AB, je mène BF. Le triangle BEF est égal au triangle AEB; donc le parallélogramme AEFB est équivalent au carré ABCD. En abaissant EH perpendiculaire sur BF et AM perpendiculaire sur son prolongement, j'ai un nouveau parallélogramme rectangle AEHM, équivalent au carré ABCD.

Fig. 51. Mesurer une distance à un point inaccessible.

Soit A le point inaccessible.

AB peut être la largeur d'une rivière que l'on veut mesurer. On prendra les deux points à volonté O et B, que l'on alignera parfaitement sur le point A. Ces trois points détermineront une droite AB, que l'on prolongera indéfiniment. Au point B, on fera un angle droit DBC. Au point C pris à volonté sur la droite CB, on alignera deux points CM sur le point A. On aura ainsi un angle MCB et un triangle ACB. En faisant l'angle BCN égal à MCB et prolongeant EN, on aura le point D, et un second triangle CDB est parfaitement égal au triangle CAB. En faisant BK égal à BO, il restera KD égal à OA, et qui sera la distance demandée.

NOTIONS GÉNÉRALES SUR LA PERSPECTIVE.

La perspective est l'art de représenter, au moyen de lignes, l'apparence variée que prend un même corps dans l'espace.

On se sert, en perspective, de l'horizon, de la ligne de terre, du point de vue et du point de distance.

Dans les opérations, on suppose que la terre est un plan parfaitement uni étendu entre le spectateur et l'horizon. L'horizon, toujours parallèle à la surface des eaux tranquilles, est déterminé par la hauteur de l'œil du spectateur. Ainsi, dans la nature, lorsque l'on change le point d'observation, que l'on s'élève, l'horizon s'élève en même temps. La ligne de terre et l'horizon sont les deux limites du plan perspectif de la terre.

Dans la nature, la ligne de terre se place à volonté devant soi, c'est celle qui sert de base au tableau. La distance est celle qui existe entre le spectateur et la ligne de terre ; le point de vue répond sur l'horizon à l'œil du spectateur : c'est l'extrémité d'une droite menée de l'œil observant à la ligne d'horizon.

Dans le graphique de la perspective, on est obligé de reporter sur l'horizon cette distance que l'on a prise entre le spectateur et la ligne de terre. On suppose aussi, à partir de la ligne de terre, un plan perpendiculaire au plan perspectif, une sorte de mur à pic, sur lequel on dessine géométralement les formes dont on cherchera l'apparence sur le plan perspectif.

Fig. 57. Une droite étant donnée dans une position

quelconque sur le plan géométral, on demande son apparence perspective.

Soit la droite AB.

Fig. 57. J'élève les droites AE, BF, perpendiculaires à la ligne de terre T, je joins les points E et F au point de vue par des droites. Avec les deux droites AE, BF BH, comme rayons, je décris les deux arcs de cercle AC, je mène les points C et H au point de distance D. L'intersection de ces droites avec les signes VE, VF, me donnera les points A′, B′. La droite A′, B′ sera la perspective de la droite AB. DV est la grandeur de la distance reportée sur l'horizon. Ce point de distance se place de chaque côté du point de vue, même au-dessus et au-dessous, selon les besoins de la construction, en les conservant également distants du point de vue. Dans cette opération, la droite AB est dessinée géométralement sur un plan perpendiculaire. Elle nous apparaît telle qu'elle est réellement, tandis que la droite A′B′, qui est plus petite, est cette même ligne vue sur le plan fuyant.

Fig. 58. Un carré étant donné, on demande son apparence perspective.

Soit le carré ABCD.

Je ferai, pour chacun des côtés de ce carré, la même opération que s'il s'agissait de mettre en perspective la droite AB, et des quatre points A, B, C, D, élevant des perpendiculaires à la ligne de terre, je mènerai ces perpendiculaires au point de vue. Prenant la perpendiculaire de chacun de ces points à la ligne de terre comme rayon, je décrirai avec un arc de cercle qui me donnera un nouveau point sur la ligne de terre. Ainsi, le point D me donnera le point H sur la ligne de terre. Ce point H, en concourant au point de distance, coupera la droite DV menée au point de vue; ce point d'intersection sera la perspective du point D. On obtiendra ainsi la perspective des points D, C, etc.

Nous devons remarquer ici que la figure perspective est en quelque sorte renversée. ABCD a fait une révolution sur la ligne de terre, comme charnière, et qu'en allant se placer sur le plan fuyant, le point D est devenu D', et C est devenu C'.

Fig. 63. Si on avait une figure ABC, et qu'on voulût que cette figure fût mise en perspective en plaçant le point A le plus loin de la ligne de terre, on devrait nécessairement retourner la figure. On l'inscrirait dans un rectangle, on ferait NC' égal à CM; on aura l'angle B au point B'. En abaissant une perpendiculaire du point A sur MB, on aura A'; joignant les points A', C', B' on aura le triangle A'B'C', parfaitement égal au triangle ABC et dans une position inverse; en opérant alors sur celui-ci, on aura en perspective le point A le plus éloigné de la ligne de terre.

Fig. 59. Si, dans le carré que l'on doit mettre en perspective, un des côtés est parallèle à la ligne de terre, la construction devient très-simple :

Par une des deux extrémités de cette droite, on mène une ligne à un point de distance; cette ligne, en coupant le côté fuyant mené au point de vue, en détermine la longueur de ce côté; ainsi AC est le côté fuyant égal à AB.

En menant par le point C, CD parallèle à AB, on aura le carré perspectif.

Fig. 60. Un cercle étant donné, on demande son apparence perspective.

Soit le cercle CB.

Sur le plan géométral je décris ce cercle, je l'inscris dans un carré, je trace les diagonales de ce carré, je trace deux diamètres de ce cercle parallèlement aux côtés du carré, je mets ce carré en perspective. Le point B du cercle, qui est tangent au milieu du côté BM, sera également tangent au milieu du côté du carré perspectif. J'obtiendrai le point B perspectif soit en décrivant un arc de cercle à la ligne de terre, comme nous l'avons indiqué plus haut, soit en divisant le côté fuyant en deux au moyen des diagonales.

Par le point A je mène une parallèle au côté B. Je mène cette droite AK au point de vue, et, dans le carré perspectif, elle coupera la diagonale comme dans le carré géométral, c'est-à-dire au point par où passe la circonférence; j'aurai donc le point A perspectif A'. On obtiendra par une construction semblable les autres points où la circonférence coupe les diagonales; les points C, F, B, etc., sont obtenus.

Fig. 61. Une hauteur quelconque étant donnée, on demande son apparence perspective.

Soit la droite AB.

J'élève cette droite AB perpendiculaire sur la ligne de terre, je mène les points C et D au point de vue; toutes les parallèles à CD, comprises entre ces deux lignes fuyantes, me donneront la hauteur perspective de AB. Ainsi, si au point F on demande l'apparence perspective de AB, on mènera par ce point F une parallèle à la ligne de terre au point M, on élèvera une parallèle à CD, on fera EF égal à MN. EF sera la droite demandée.

Fig. 62. Un côté d'un cube étant donné, on demande son apparence perspective au-dessus de l'horizon, sans qu'il ait de côtés parallèles à la ligne de terre.

Soit AB, le côté du cube donné.

Le point de vue et le point de distance sont également donnés.

Sur le plan géométral, je construis, avec la droite AB, un carré dont aucun des côtés ne sera parallèle à la ligne de terre. J'obtiens sur le plan perspectif son apparence perspective, comme nous l'avons montré précédemment. J'élève sur les quatre angles du carré perspectif quatre perpendiculaires que je prolonge plus haut que l'horizon. J'élève également quatre perpendiculaires aux quatre points qui, sur la ligne de terre, répondent aux angles du carré géométral. En portant sur une de ces perpendiculaires la grandeur AB (à un point plus élevé que l'horizon), et amenant ses deux extrémités au point de vue, on obtiendra la même grandeur perspective sur la ligne semblable élevée perpendiculairement sur un des angles du carré perspectif ; ainsi, MN, qui est égal à AB, donne sa grandeur perpective EF. On obtiendra, par une opération semblable, les huit points qui, mis ensemble, constitueront l'apparence perspective du cube; dont le carré AB est le plan géométral.

Sans pousser plus loin les principes généraux, nous dirons que, dans la nature, les formes des corps sont sous la loi constante de la perspective; ce qu'il y

a de plus important à observer est évidemment l'horizon. Si, dans un paysage, on dessine deux monuments,
que pour l'un d'eux l'on s'élève ou l'on s'abaisse, il en
résultera un désaccord sensible dans le dessin, c'est-
à-dire que l'on verra le dessous de l'un et le dessus de
l'autre, l'un des deux semblera pencher. La faute
serait moins sensible si l'on reculait seulement le point
d'observation, sur un même plan bien entendu ; dans
ce cas on agrandirait la distance, et le monument des-
siné semblerait plus éloigné que l'autre, bien que dans
la nature ils soient également distants de l'observateur :
il est donc important de conserver rigoureusement le
même horizon pour les divers objets d'une même com-
position.

On ne doit jamais oublier que l'horizon est toujours à
la hauteur des yeux de l'observateur (sauf à une im-
mense élévation). Cette ligne d'horizon que la surface
des eaux tranquilles de la mer nous présente n'existe
plus dans un paysage accidenté, il faut la supposer, se
la rappeler, la voir couper les montagnes, les fonds et
les collines; il en est de même du point de vue qui perce
les objets; enfin, toutes les lignes parallèles à la ligne de
terre le sont aussi à la ligne d'horizon, et le sont entre
elles, quelle que soit leur place dans le plan perspectif.
Toutes les lignes non parallèles à l'horizon, placées au-
dessus de cet horizon, s'abaissent et descendent vers lui,
celles, au contraire, placées au-dessous montent vers lui.
C'est l'effet que nous présentent les routes, les rues, les
longues galeries, dont le pavé monte au point de vue,
tandis que le plafond semble y descendre.

Ces principes suffiront amplement pour l'intelligence

3

des diverses formes de surfaces et de solides dont l'étude a été notre objet et qui ne sont, en quelque sorte, qu'une introduction à l'étude plus complète et plus sérieuse de la perspective, de l'architecture et même de la figure humaine.

TABLE DES MATIÈRES.

PROBLÈMES RÉSOLUS SUR LES LIGNES COURBES.

DUPLICATION DES SURFACES.

AUGMENTATION DES SURFACES.

RÉDUCTION DES SURFACES.

MESURE DES SURFACES.

NOTIONS GÉNÉRALES SUR LA PERSPECTIVE.

Pl. 1.

Fig. 1.
Fig. 2.
Fig. 3.
Fig. 4.
Fig. 5.
Fig. 6.
Fig. 7.
Fig. 8.
C
A
B
D
Fig. 9.
O
D
A
B
Fig. 10.
B
H
O
Géométrie des Arts.

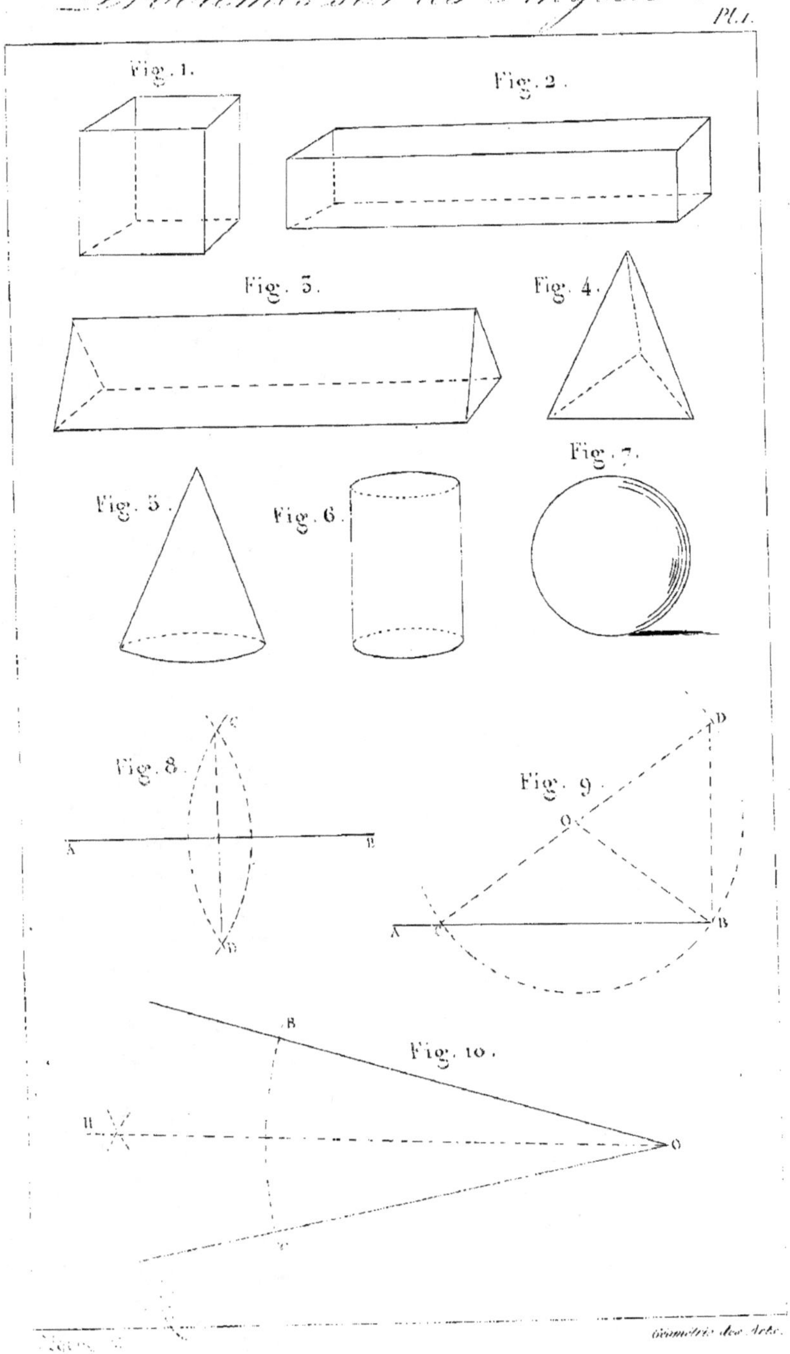

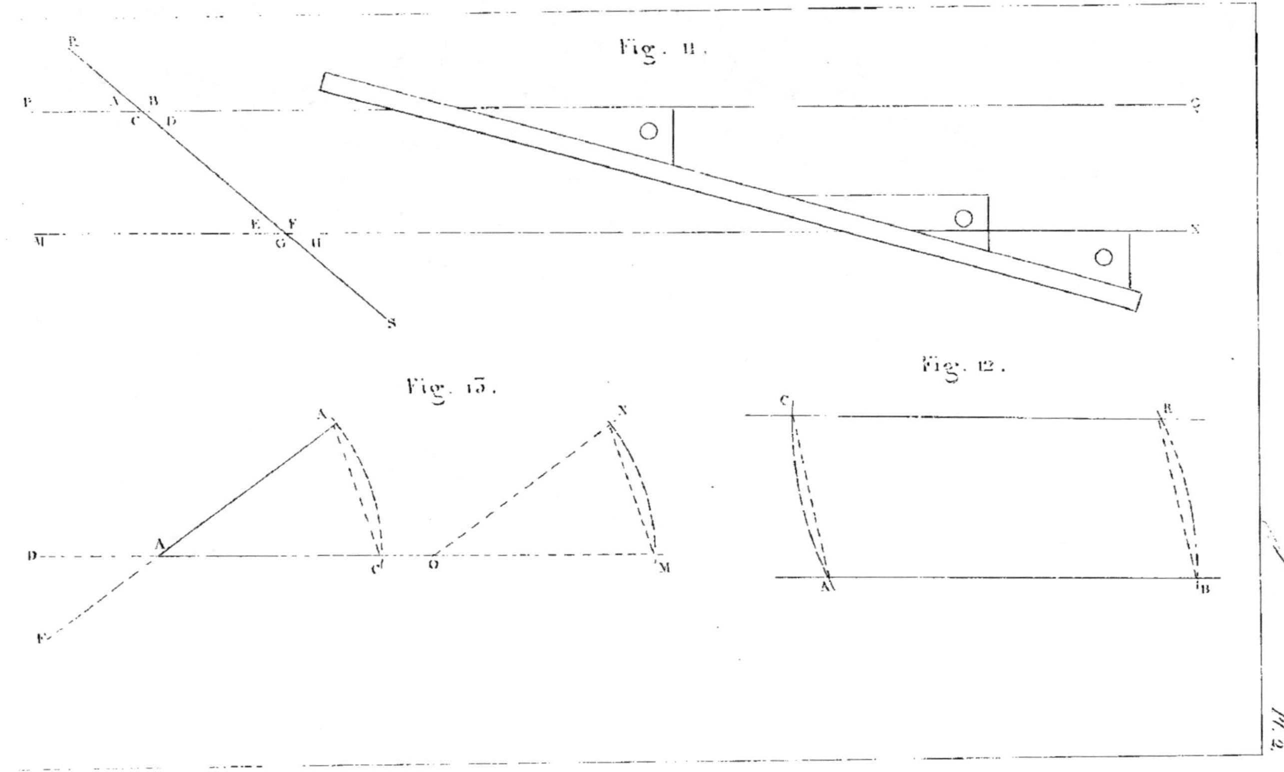

Fig. 11.
Fig. 12.
Fig. 13.

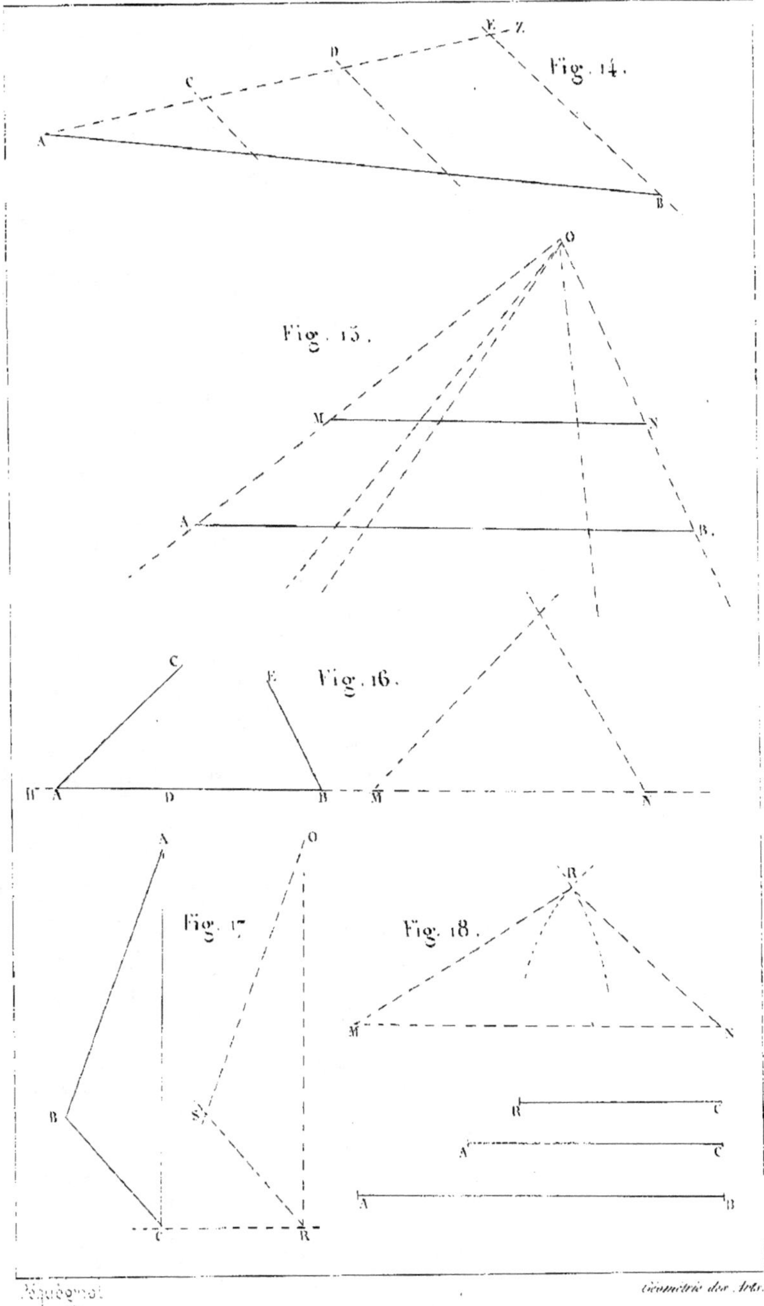
Fig. 14.
Fig. 15.
Fig. 16.
Fig. 17.
Fig. 18.

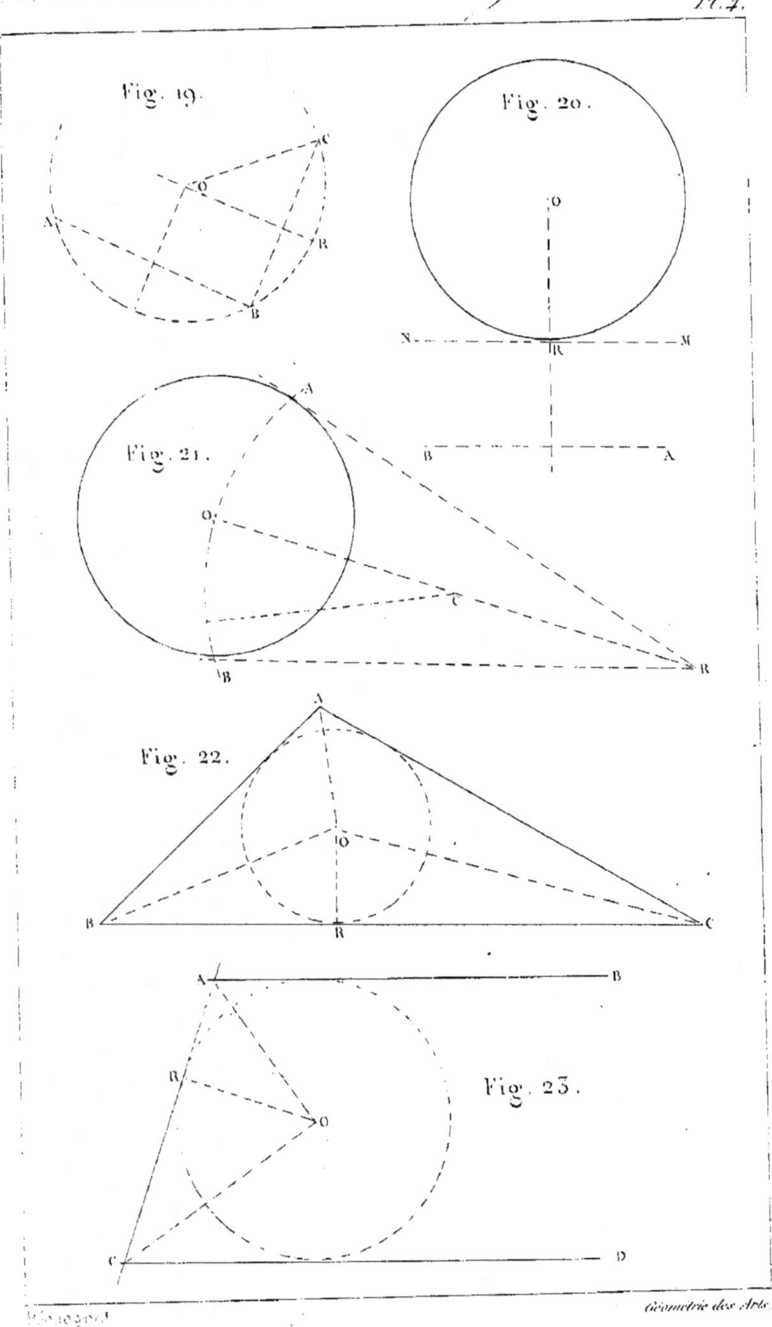
Fig. 19.
Fig. 20.
Fig. 21.
Fig. 22.
Fig. 23.

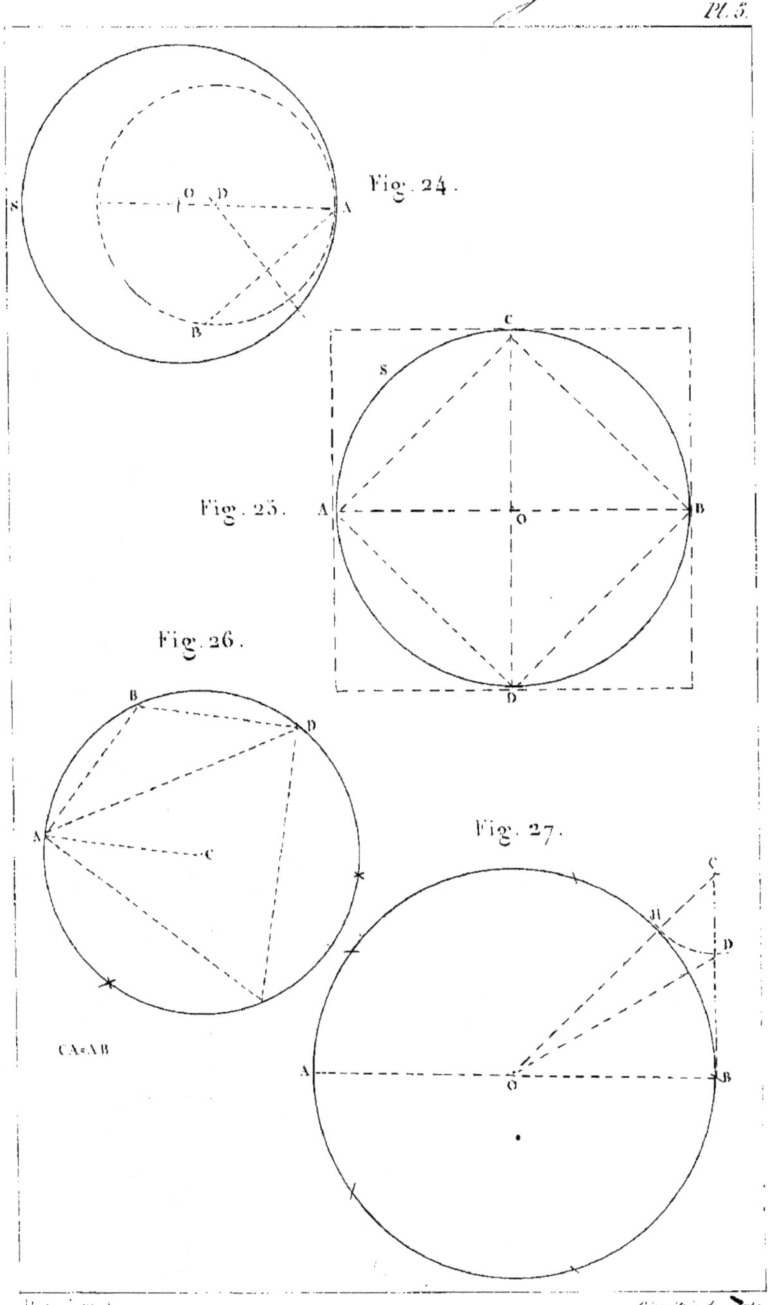
Fig. 24.
Fig. 25.
Fig. 26.
Fig. 27.
CA=AB

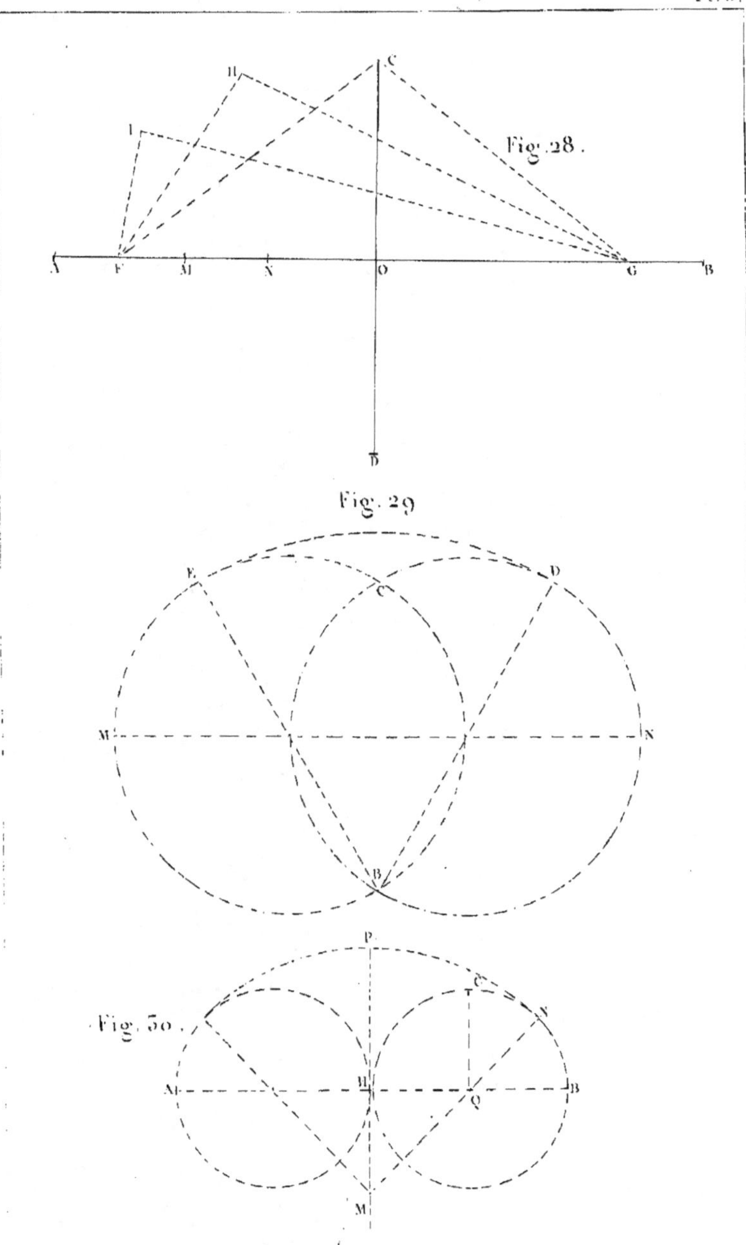
Fig. 28.
Fig. 29
Fig. 30

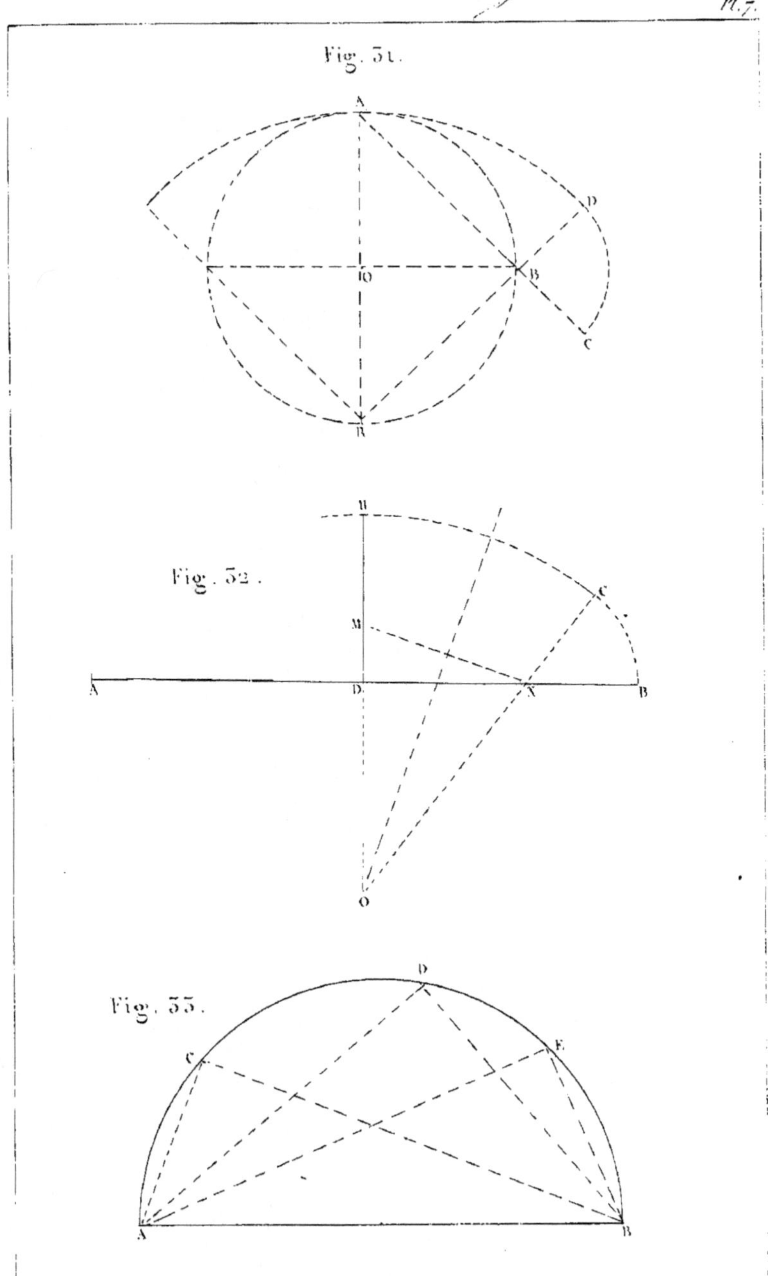

Fig. 31.
Fig. 32.
Fig. 33.

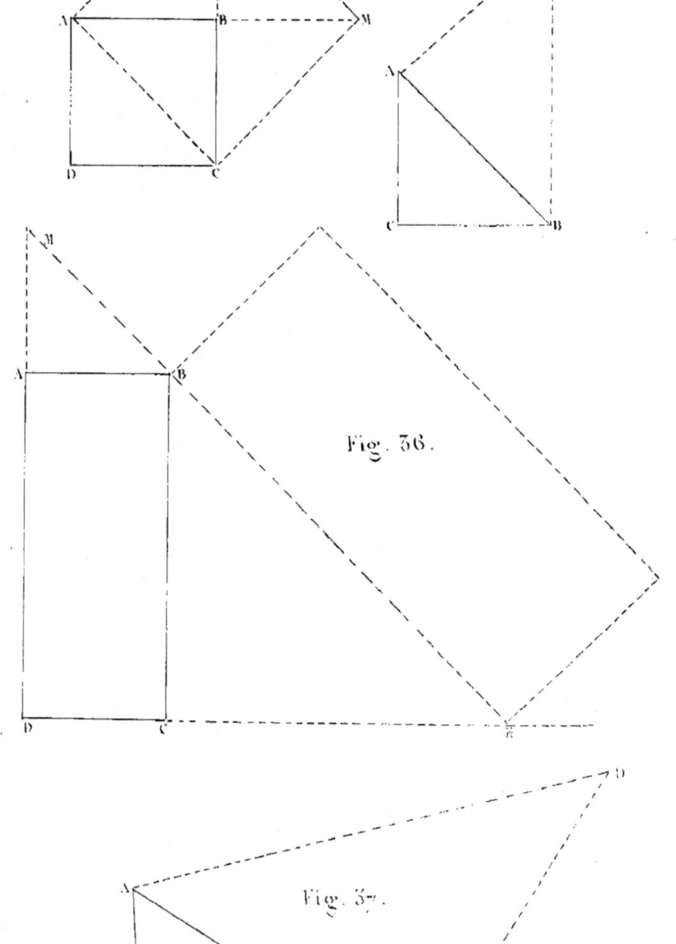

Fig. 34.
Fig. 35.
Fig. 36.
Fig. 37.
A B M
D C
A
C B
M
A B
D C
A
B
D

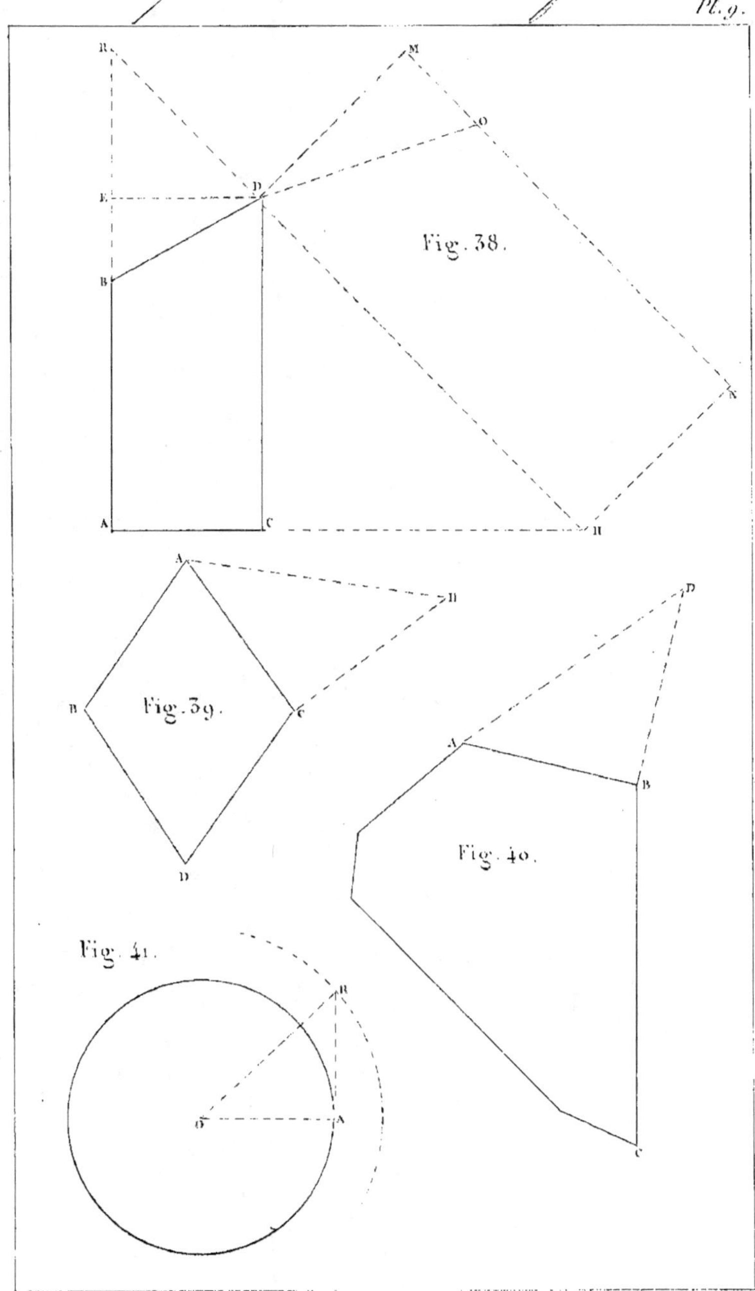

Péquégnot.
Géométrie des Arts.

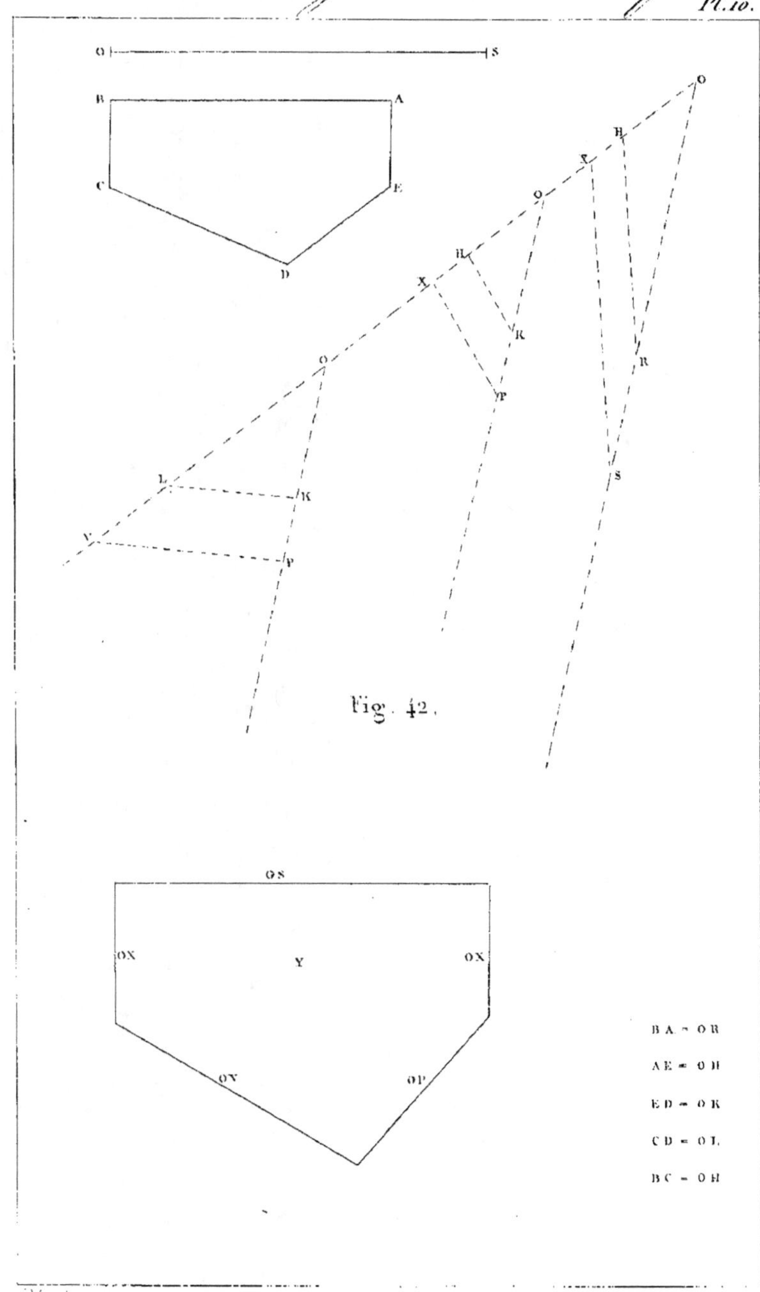
O
S
B
A
C
E
D
O
H
X
O
H
X
R
P
R
S
O
L
K
V
P
Fig. 42.
O S
O X
Y
O X
O V
O P
B A = O R
A E = O H
E D = O K
C D = O L
B C = O H

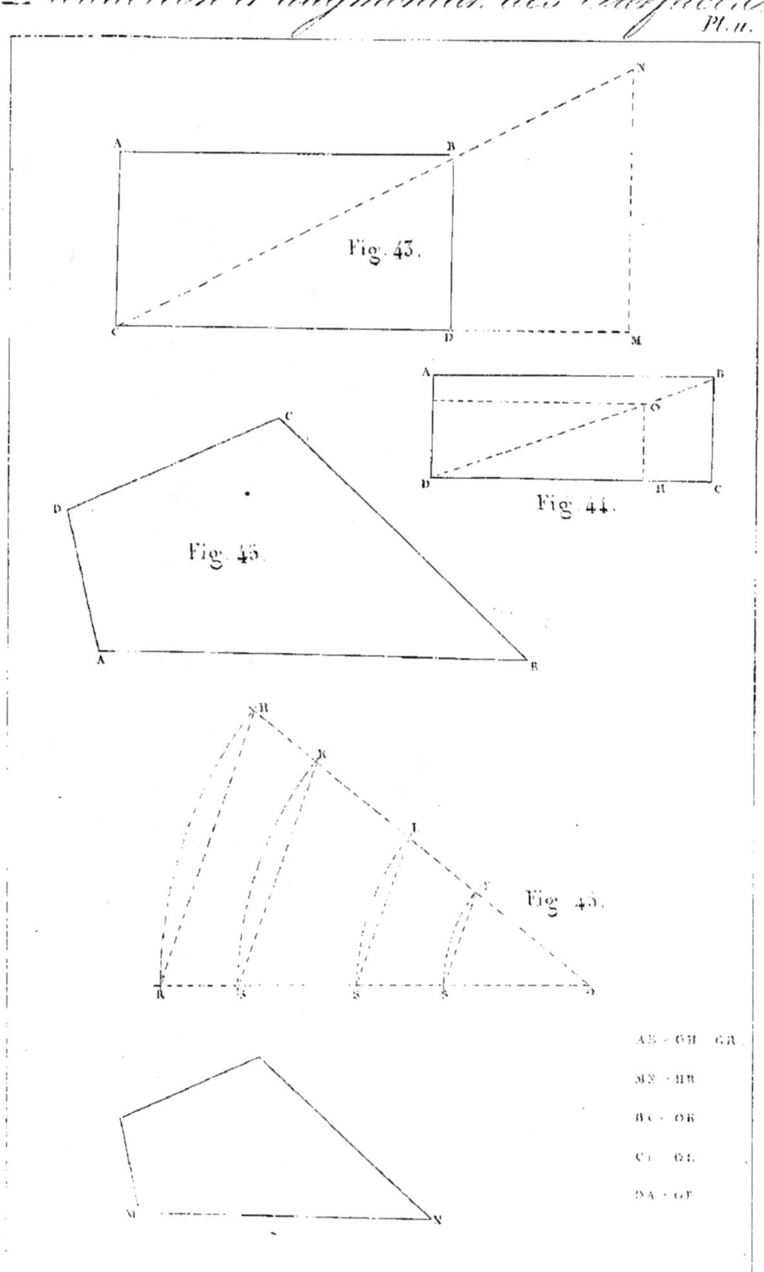
Fig. 43.
Fig. 44.
Fig. 45.
Fig. 45.
AB - GH - GR
MN - HR
BC - OR
C - GL
DA - GF

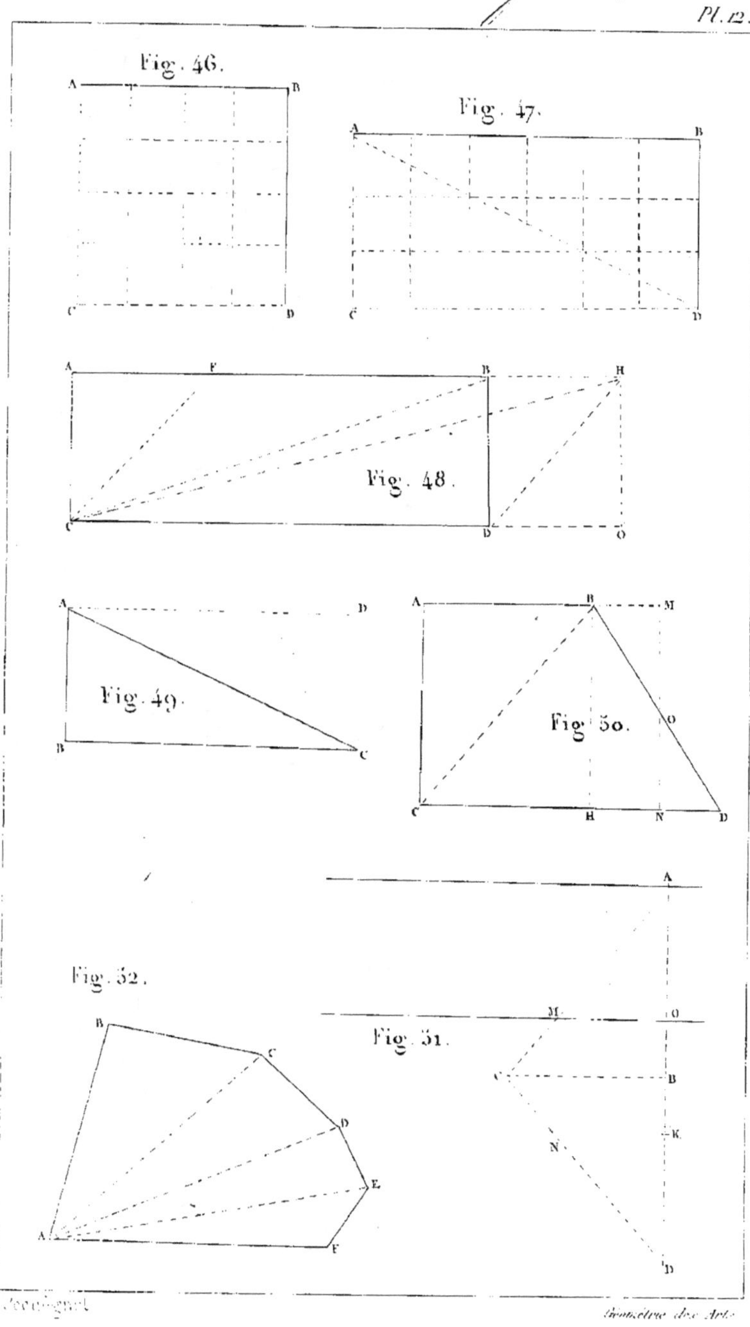
Fig. 46.
Fig. 47.
Fig. 48.
Fig. 49.
Fig. 50.
Fig. 51.
Fig. 52.

Pl. 13.

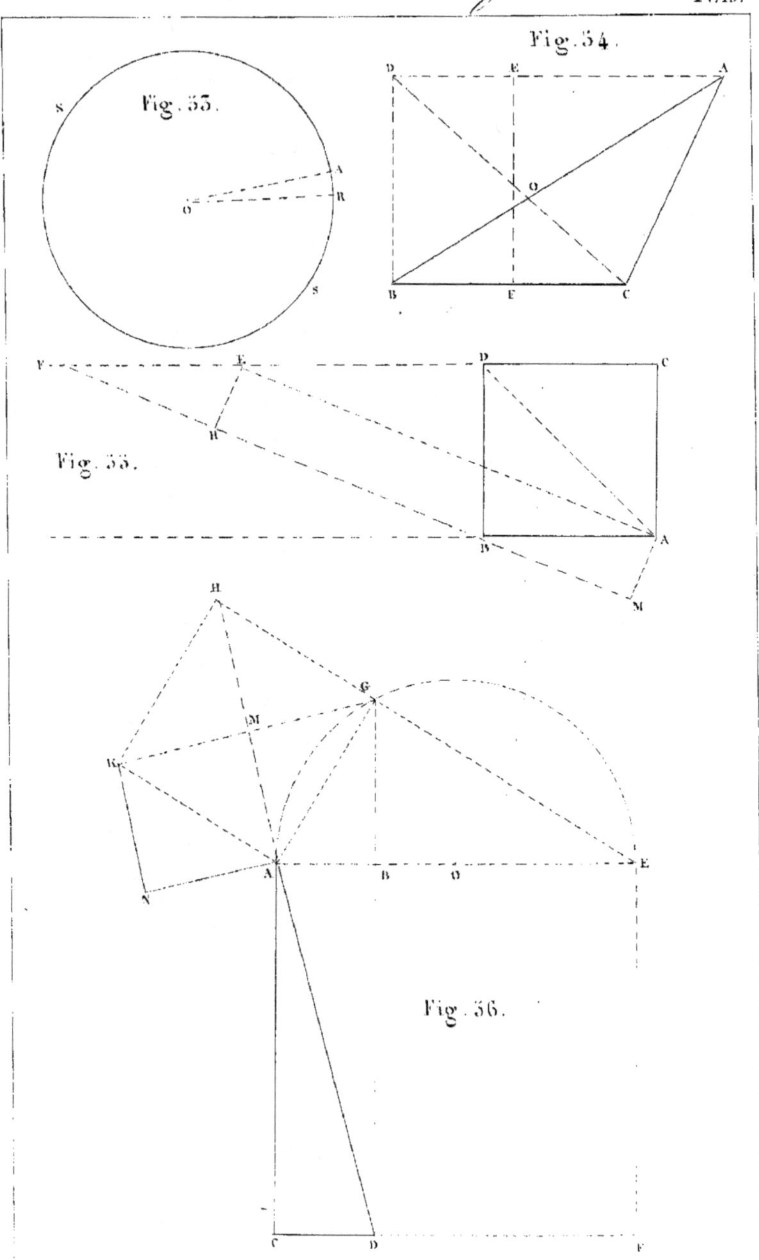

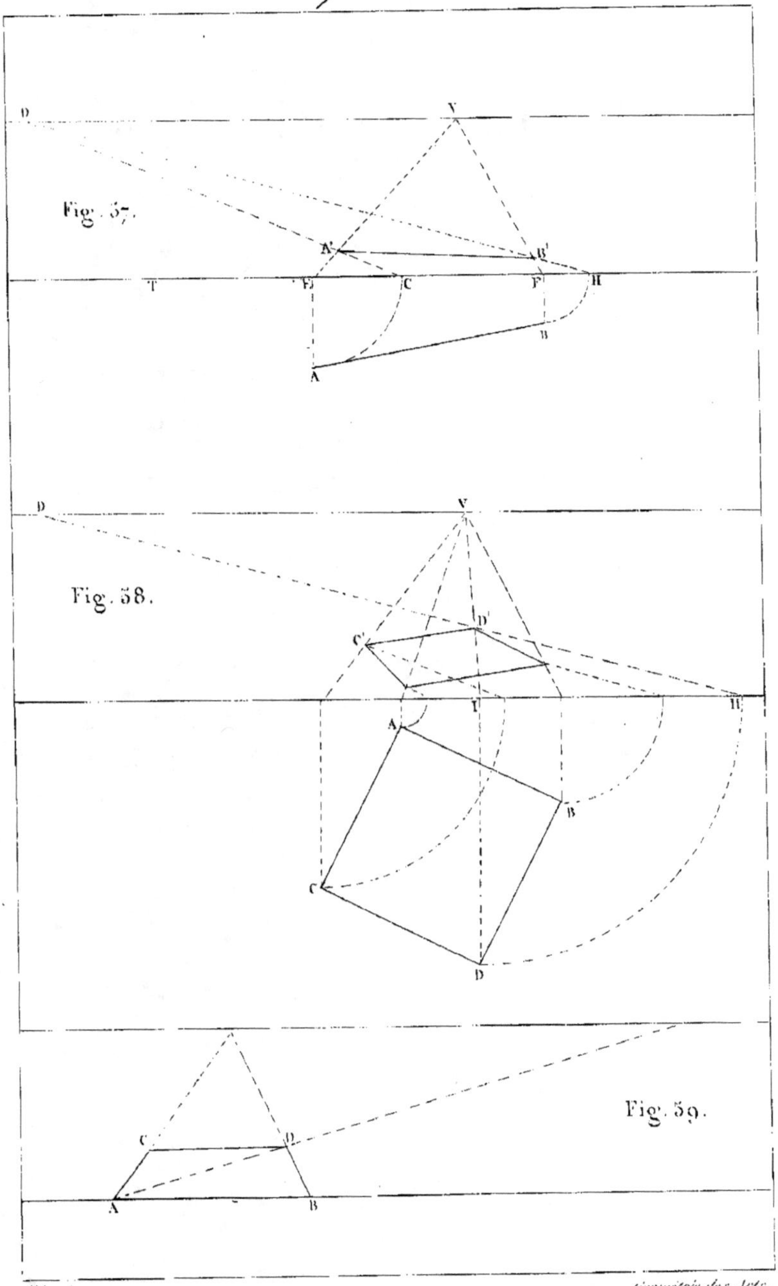

Fig. 57.

Fig. 58.

Fig. 59.

Fig. 60.

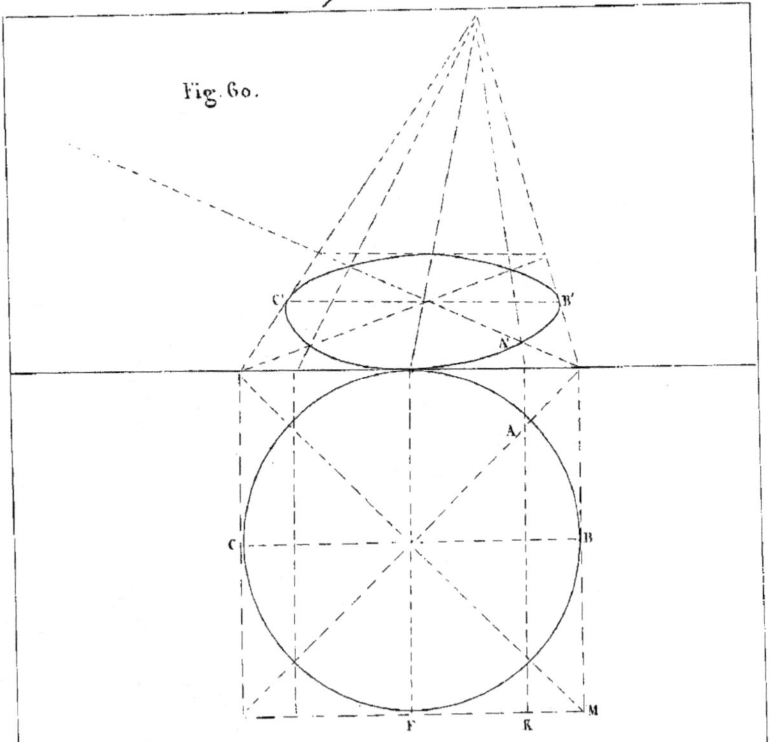

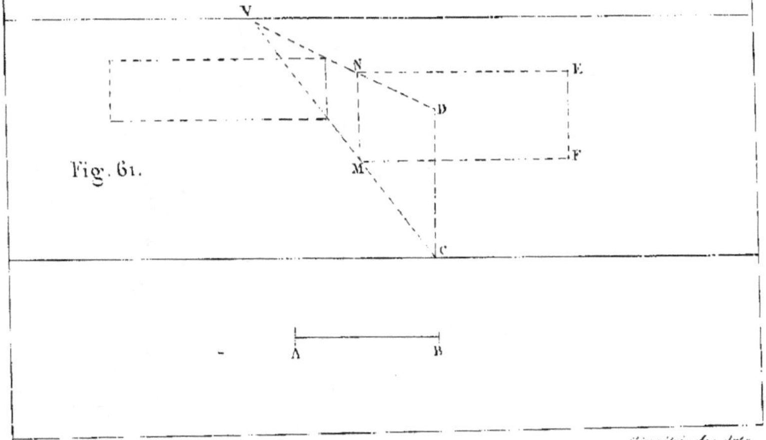

C' B'
A'

A

C B

F K M

V

N E

D

M F

C

Fig. 61.

A B

Pénéguel.

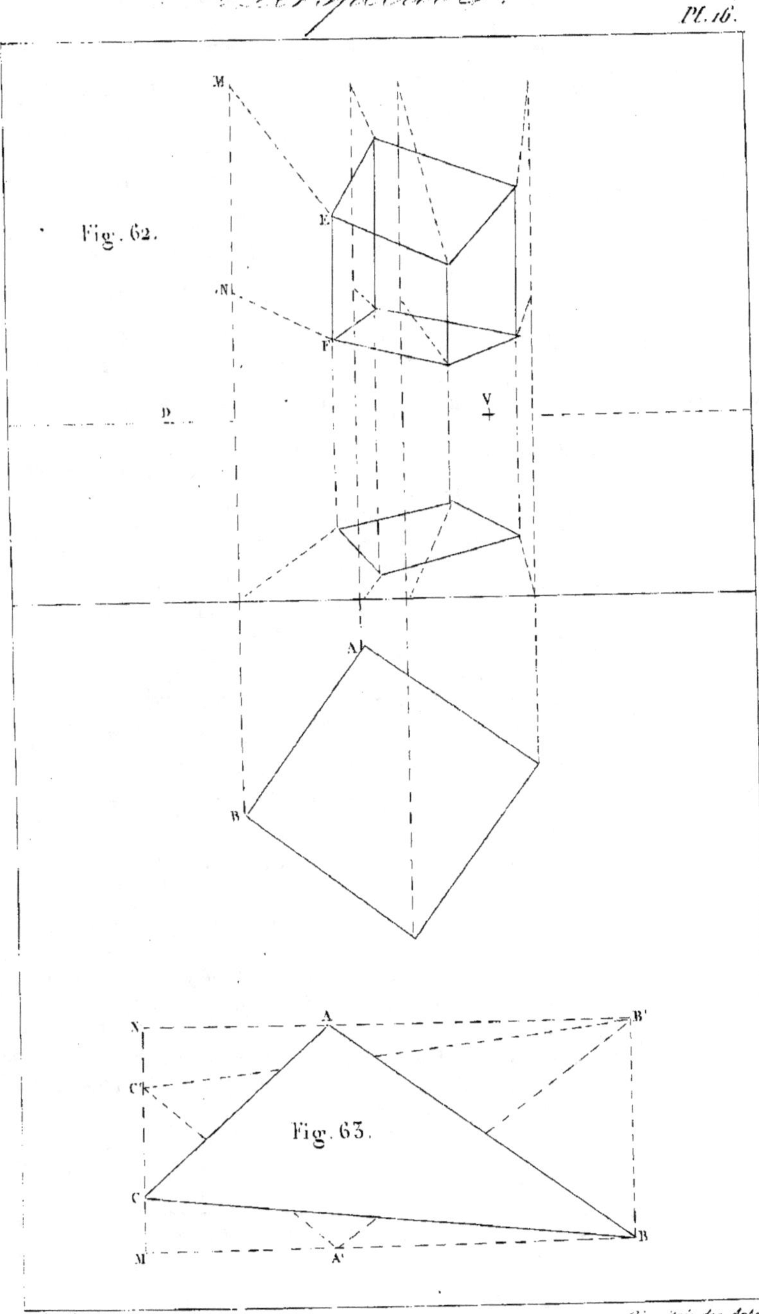

Lavergnot.

Géométrie des Arts.

Chez le même éditeur :

	fr.	c.
Règle de la Peinture à l'huile.	4	
Règle de la Perspective pratique.	2	
Règle du Paysage.	2	
Règle d'Aquarelle appliquée aux fleurs.	4	
Règle d'Aquarelle appliquée aux paysages.	4	
Traité de la Peinture à l'aquarelle et au lavis.	12	
Traité du Pastel, par JOZAN.	3	
Anatomie de l'homme, par PÉQUÉGNOT.	4	
Cours de Paysage, par THÉNOT.	20	
74 Croquis, par différents artistes, chaque.		75
Les Travaux d'Ulysse, par le PRIMATICE.	15	
Les Expressions des passions, par LEBRUN.	6	
60 Costumes à l'eau-forte, par SALVATOR ROSA.	7	
28 Sujets d'animaux à l'eau-forte, par BERGHEM.	8	
12 Chevaux, par STOOP.	4	
18 Roses, par REDOUTÉ, chaque.	2	30
6 Bouquets composés, de REDOUTÉ et PROVOT, chaque.	5	
6 Fleurs diverses, par BESSA, chaque.	5	
6 fruits, par BESSA, chaque.	5	
13 Têtes d'études, par CARRIÈRE, chaque.	1	
Cours de principes pour la figure, par CARRIÈRE.	12	
Le Jugement dernier de Michel-Ange, par GUILMOT.	18	
Faust, par DELACROIX.	12	
72 planches d'Ornements, par LECOMTE, chaque.		75

On trouve dans le même établissement un grand choix de tableaux anciens et modernes, une grande variété de dessins et gravures en tout genre à des prix modérés. On se charge du rentoilage et des restaurations de tableaux; entreprend les tableaux d'église de toutes grandeurs; atelier de dorures sur bois; fait l'encadrement et sous verre dans le plus bref délai.

Paris. — Imp. GERDÈS, rue Bonaparte, 42.

www.ingramcontent.com/pod-product-compliance
Lightning Source LLC
LaVergne TN
LVHW012228170726
843503LV00005B/2342